El potencial divino dentro del caos de nuestro mundo

Hay esperanza para un mundo nuevo

C. Orville McLeish

EL POTENCIAL DIVINO DENTRO DEL CAOS DE NUESTRO MUNDO. Derechos de autor © 2022 de C. Orville McLeish.

Todos los derechos reservados. Ninguna parte de este libro puede reproducirse, almacenarse en un sistema de recuperación o transmitirse de ninguna forma o por ningún medio (electrónico, mecánico, fotocopiado, grabado, escaneado u otro) excepto breves citas en reseñas o artículos críticos, sin la autorización autorización previa por escrito del autor.

ISBN-13: 978-1-958404-33-1 (tapa blanda)

Primera edición.

Puede visitar la página web del autor en
https://corvillemcleish.com/

A aquellos cuyo único deseo es convertirse en una manifestación plena de la intención de Dios cuando dijo: «Hagamos al hombre a nuestra imagen y semejanza…».

Visite nuestra página de YouTube @ God's Image Jamaica (God's Image Jamaica - YouTube)

¡Cambiemos el mundo un alma madura a la vez!

Prefacio

El potencial divino dentro del caos de nuestro mundo: hay esperanza para un mundo nuevo.

«Me encantaría comenzar diciendo, el mundo no se va a acabar; el mundo va a cambiar, y si hay necesidad de cambio, entonces hay necesidad de agentes de cambio». — Autor C. Orville McLeish

El autor C. Orville McLeish nos ha brindado un excelente estudio revelador sobre el tema de nuestro potencial divino. Este es un tema que rara vez encontramos en la comunidad eclesial, pero es de absoluta importancia porque nos revela y enseña quiénes somos realmente como hijos e hijas del Dios altísimo.

El autor nos ayuda a lidiar con esta temporada desafiante que enfrenta el mundo, y nos muestra que las respuestas que buscamos a las preguntas de la vida no están fuera sino dentro de nosotros mismos. Nuestro enamoramiento con los eventos externos ha cegado a los santos de su verdadero propósito. La calamidad de la tierra no debe tener otro propósito que el de brindar una plataforma sobre la que los hijos de Dios puedan exhibir el poder de Dios latente dentro de ellos para que el mundo pueda ver a YAHWEH. El poder dentro de nosotros mismos es nuestro potencial.

Esta energía o poder sin explotar (potencial) reside en todos nosotros como creyentes, esperando el momento adecuado para su liberación. José necesitaba una hambruna para que la sabiduría divina en él pudiera activarse. Esta sabiduría fue vista por Faraón y otros como poderosa. José se convirtió en su líder. Hay muchas más historias que podría compartir de la Biblia y la historia, pero la verdadera pregunta es: «¿Buscarás a Dios por mucho tiempo y deliberadamente para que Él te muestre quién eres realmente?».

Este es un libro corto ya que es una obra de arte, magistralmente elaborado, lúcido y lleno de revelación. Te abrirá los ojos a la verdad de quién eres en Dios. Al conocer esta verdad, tendremos la mentalidad correcta y estaremos en condiciones de manifestar Su gloria.

Es una lectura obligatoria, no una sino dos o tres veces. Te sentirás atraído por las ideas reveladoras y tendrás hambre de más a medida que pases las páginas.

Este es un viaje, y ahora es el mejor momento para comenzar. El caos es solamente la plataforma sobre la que los hijos e hijas de Dios crean, expresan y liberan cosas eternas en la tierra. El autor nos ha dado un buen comienzo. Vamos.

Apóstol Dino Nicolás
Fundador de Harvest Manna Ministries, Jamaica

El mundo no va a ser destruido; va a cambiar. Donde se requiere un cambio, se necesitan agentes de cambio. ¿Vas a contestar la llamada?

Este libro es un resumen del viaje personal del autor desde el desánimo a la esperanza. Es su oración que encenderá en ti el tipo de esperanza que cambiará el mundo.

Expresiones de gratitud

Ganar mi identidad en Cristo cambió completamente mi vida y cómo percibo el mundo, ambos mundos. Estoy agradecido con mi mentor y padre espiritual, el Dr. Adonijah O. Ogbonnaya (Dr. O), quien no solamente se tomó el tiempo para reconocer a un humilde niño de iglesia rural como yo, sino que, con mucha paciencia y amor, sigue enseñándome y nutriéndome en los caminos del Señor y la filiación. Él y Mamá O nos abrieron sus corazones, su hogar y su ministerio de una forma que simplemente decir «gracias» parece inadecuado. Estoy eternamente agradecido de que nuestro Padre haya creído conveniente alinearme con personas tan grandiosas.

Agradezco a mi esposa y compañera de toda la vida, Nordia. Sé que ella no entiende del todo el viaje en el que estoy, pero ella me apoya, me alienta y, no obstante, viaja junto a mí, haciendo pequeñas preguntas, pero solo mirando y sonriendo a su esposo como si yo fuera el hombre más grande del mundo. Te amo, bebé, que te arriesgas a amar a un alma loca, espiritual y mística como yo.

Un agradecimiento especial a aquellos que eligieron seguir siendo mis amigos durante esta temporada de mi vida y aquellos que no pudieron molestarse y se alejaron; estoy agradecido por su contribución a mi viaje, directa o indirectamente, por grande o pequeña que haya sido.

Ruego que a medida que continúe su estancia en la tierra, su vida y fe en Dios y en el Señor Jesucristo generen un impacto tal en la creación que su nombre quede grabado en los escalones de la historia humana en los que de hecho estuvo aquí.

Endosos

C. Orville McLeish ha escrito un libro sobre el caos en el mundo; es este caos el que trata de moldear y dar forma a nuestro carácter e identidad. Plantea muchas preguntas sinceras sobre la comprensión de quién es Dios en nuestras vidas y quiénes somos nosotros como hijos de Dios o como hijos manifestados; que sigue siendo un misterio para la mayoría de los creyentes.

Nuestra identidad y propósito vienen más claros de Dios a medida que nos parecemos más a él. Explica que nuestro enfoque, deseo y propósito debe basarse en la vida y el amor desde nuestra intimidad con Dios, quien siempre nos anima con su gracia y bondad.

Nuestros amigos, familiares, barrios, ciudades y países pueden ser transmutados por la esperanza, la gloria y el amor que ensombrece nuestra vida. Este potencial divino es una chispa para transformar «en la Tierra como en el Cielo».

Wendy Arias
Florida, EE. UU.

¡Un libro para la temporada! Este libro definitivamente trae esperanza en un momento en que parece que las cosas no pueden estar peor. Me gusta que el autor utilice muchas referencias bíblicas ya que refuerza que no está simplemente siendo obstinado sino compartiendo la palabra de Dios que tan a menudo se pasa por alto o se menciona en otras ocasiones. Es necesario que los cristianos conozcamos la palabra, pero mucho mejor es que la apliquemos. Este es el cargo presentado en este libro; seamos la demostración de la esperanza, la fe y el amor y no la condenación y la desesperación.

Sue-Ann Smith-Johnson
Clarendon, Jamaica

Este libro es atrayente, tentador y te lleva hacia extensiones que expanden la mente. Muy bien dilucidado, fluye con ideas que muestran la capacidad de los hijos e hijas de Yahvé para influir en el estado del mundo, y decae con ímpetu para tranquilizar el caos, ¡encendiendo en él la chispa divina!

Arnold Bugingo
Kampala, Uganda

Índice

Prólogo iii

Agradecimientos ix

Endosos xi

Introducción 15

Capítulo uno: En la tierra como en el cielo 23

Capítulo dos: Regreso al principio 29

Capítulo tres: Desarrollar un lenguaje de vida 35

Capítulo cuatro: Desarrollar una mentalidad de riqueza
.... 45

Capítulo cinco: Gloria manifestada 53

Capítulo seis: El espíritu de Dios derramado primero .. 59

Capítulo siete: El amor es nuestro superpoder 65

Epílogo 73

Sobre el autor 77

Introducción

No se puede negar el hecho de que hay caos en el mundo tal como lo conocemos hoy. Aunque reservados y, hasta cierto punto, controlados, los medios de comunicación, por ejemplo, escatiman muy poco en recordarnos lo «malo» que es el mundo y lo sigue siendo. Uno se ve obligado a preguntarse si realmente existe alguna esperanza de un mundo mejor. Pero lo que nos ha vencido es el principio de «En lo que nos enfocamos, lo multiplicamos». Esto quiere decir que, si el caos es todo lo que vemos, entonces el caos es todo lo que alguna vez vamos a experimentar.

Quiero arrojar una luz de esperanza en este mundo actual en el que ahora vivimos, no porque tenga la esperanza de que esta generación verá algo distinto de inmediato, sino porque todavía hay muchas más generaciones por venir que necesitan experimentar una realidad distinta que solamente puede ser accedida por aquellos que viven en la esperanza ahora.

Me encantaría comenzar diciendo que el mundo no se va a acabar. El mundo cambiará, y si hay necesidad de cambio, entonces hay necesidad de agentes de cambio. Este es el llamado que está en la vida del creyente; que pasamos de ser meros observadores de la realidad que vemos a ser partícipes de la superposición de una nueva realidad sobre la actual.

Un día estaba sentado en el piso del dormitorio, entablando una conversación con el Padre. Estos son mis momentos más preciados, ya que estas conversaciones tienen más valor para mí que orar en voz alta, utilizar toda la jerga religiosa correcta, etc. Mi mente estaba explorando el reino invisible, hasta donde podía llegar la mente natural. Mi curiosidad alcanzó su punto máximo porque seguía preguntándome qué hay más allá de los límites de la capacidad de nuestra mente para ver más allá, pero no más allá de los límites del tiempo.

Empezaron a surgir pensamientos y preguntas:

Hay un Dios que siempre ha existido. Él no fue creado; Él no tiene principio ni fin. Es complicado entender esta verdad desde la perspectiva del tiempo, pero si esa es verdaderamente la verdad, entonces el tiempo es temporal, tal vez incluso una ilusión. Quiere decir entonces que nuestros intentos de sondear a Dios en el tiempo y desde las limitaciones de una realidad temporal deben conducir siempre a una conclusión falsa. Dios no puede ser entendido desde la perspectiva de la realidad que conocemos porque Él existe antes de ella y es responsable de la creación de esta realidad, lo que significa que Él existe fuera de la creación y no puede ser entendido desde la perspectiva de una realidad que está debajo de Él y no puede definirlo.

Empezaron a surgir otros pensamientos y preguntas:

Si tratamos de medir a Dios por el tiempo, entonces estamos viendo miles de millones de trillones de millones de años de existencia. Verdaderamente este mundo que conocemos no pudo haber sido Su primera creación. Si existe la presunción de que hubo muchas otras creaciones y fallaron o fueron destruidas por cualquier motivo, entonces, ¿qué garantía tenemos de que esta creación no fallará también?

Esto me lleva a una pregunta vital:

El hombre fue creado con libre albedrío. Adán en su estado perfecto todavía podía optar por desobedecer a Dios. Si Dios no interfiere o intenta controlar la voluntad del hombre, entonces, ¿hay alguna esperanza de que el mundo pueda ser mejor mientras el hombre tenga este poder para rechazar a Dios?

¿Es esta voluntad la que llevó a la destrucción de incontables otras creaciones antes que nosotros? Si la voluntad del hombre es tan vital para el éxito del mundo creado por Dios, entonces la mayor batalla debe ser por el control de esta voluntad. No es la voluntad de los demonios la que destruye el mundo, sino la voluntad del hombre, porque es poderoso para decidir lo que quiere hacer sin oposición. ¿Cuántas veces impide Dios que un hombre viole y mate a un niño inocente? ¿Cuántas veces interviene para evitar un accidente fatal, un matrimonio destruido, un ataque brutal, incluso una muerte prematura? La voluntad del hombre no hace al hombre más poderoso que Dios, pero sí lo hace un dios en este mundo porque puede hacer lo que quiera sin tener en cuenta las consecuencias.

Lo sé, lo sé. A la iglesia no le gusta tener estas conversaciones, pero si estas son preguntas pertinentes, entonces ¿por qué andar a ciegas por esta vida y no hacer nunca las preguntas obvias? ¿No es Dios el epítome del misterio, y cómo investigamos los misterios si no es haciendo preguntas primero? Seguramente la realidad que conocemos y experimentamos no podría ser la única realidad que hay que conocer. No hay respuestas a preguntas que nunca se hacen.

Por otro lado, el mundo desearía poder existir sin reconocer al único Dios verdadero. Por algún motivo, la humanidad ha fallado constantemente en borrar el pensamiento mismo de nuestro Padre Celestial. Nunca habrá suficientes ateos en el mundo para borrar el nombre de Dios y de Su Hijo del corazón y de los labios de los hombres. Queremos creer que Dios no existe, así que no respondemos ante nadie más que ante nosotros mismos. Sin embargo, nuestra creencia de que algo es verdad, si contradice lo que es verdad, no convierte la verdad en mentira. Simplemente significa que creemos una mentira como verdad.

Hay algo en la personalidad humana que me confunde. Por algún motivo, queremos creer lo que queremos creer. He tenido momentos en los que una revelación llena mi mente de que quiero que sea verdad, y busco las Escrituras con el fin de solidificar mi nuevo conocimiento, solamente para encontrar algo contrario. Es difícil abandonar pensamientos tan hermosos cuando vienen, pero por doloroso que sea, los dejaré ir. He descubierto que gran parte de la doctrina de la iglesia se basa en lo que queremos y deseamos que sea verdad. Este no es ese tipo de libros. No me gusta hablar de doctrina o dogma de la iglesia, pero me gusta tener conversaciones y hacer preguntas complicadas.

Cuando mis ojos se centraron solamente en este mundo, me llevó a una profunda desesperación. Quería dejar la tierra. Quería irme a dormir y no despertar; quería que viniera el rapto para no tener que pasar por la muerte. La desesperación llenó mi corazón y mi mente hasta que aprendí a mirar más allá de este mundo al mundo real. Hay algo que nos empodera para hacer eso.

Hay tres elementos muy vitales que se asientan en el mismo centro o fundamento de la existencia de nuestro mundo, y el apóstol Pablo lo sabía muy bien:

Y ahora permanecen la fe, la esperanza y el amor, estos tres; pero el mayor de ellos es el amor. (1 Corintios 13:13 - RVR).

Aquí está mi versión; cuando el mundo que conocemos sea sacudido, y así será, estas tres cosas permanecerán porque no pueden ser sacudidas. Si somos una casa, y creo que lo somos, construida para albergar al Dios de toda la creación, entonces hay un fundamento sobre el que se construye o se está

> No fuimos salvos para escapar de este mundo sino para cambiarlo.

construyendo esta casa, y la fe, la esperanza y el amor se sientan en el fundamento. La casa no puede mantenerse en pie a menos que estos tres estén allí, y sabemos que el más grande es el amor, pero los otros dos también tienen un gran valor y significado. No es que acabemos con el dos para centrarnos en el uno, sino que quedan los tres cuando llega el caos a sacudir la casa desde sus cimientos.

Quiero centrarme en la esperanza porque la esperanza está disminuyendo en nuestro mundo. Cuando ignoramos la esperanza, no queda nada más que una expectativa de juicio, por lo que la iglesia grita por el fin del mundo donde son salvos y seguros, y todo lo demás arde bajo el fuego y la ira de Dios. Hay demasiados que quieren que esto sea cierto, pero puedo ofrecer una percepción alternativa; la misericordia triunfa sobre el juicio, el amor vence a la muerte, la fe libera el poder de Dios y la esperanza transforma los corazones en agentes de cambio.

En lugar de observar este mundo tal como es, deseo empoderarnos con la esperanza suficiente para participar en cambiarlo porque tal es el llamado en la vida del hijo de Dios. Porque toda la creación gime por la realidad y la manifestación de la unión con Dios que fue posible cuando Dios se hizo carne, entró en el tiempo y se sujetó a sí mismo a su propia creación para que la eternidad y la inmortalidad puedan volver a ser una realidad para la humanidad.

No fuimos salvos para escapar de este mundo sino para cambiarlo.

Capítulo uno
En la tierra como en el cielo

El enfoque más importante de los ojos de un creyente no es lo que está sucediendo en la tierra. Habrá calamidades, caos, etc., hasta que surja la nueva tierra, pero la nueva tierra no puede surgir fuera de los hijos de Dios manifestados. Hay una razón por la cual Dios nos creó a Su imagen y semejanza. Nuestro enfoque debe estar en lo que está en el cielo porque eso es lo que inevitablemente invadirá la tierra.

> Nuestro enfoque debe estar en lo que está en el cielo ya que eso es lo que inevitablemente invadirá la tierra.

Jesús aseguró que, independientemente del nivel de madurez de la iglesia en la tierra, su oración durante los últimos 2 000 años ha sido «así en la tierra como en el cielo». Significa que esta declaración profética ha de manifestarse en su plenitud, y todavía no hemos visto emerger esta cultura celestial en la tierra.

Al crecer, compré la mentira de que podemos tener una mente demasiado celestial que no somos de ningún bien terrenal. Como dijo mi buen amigo y hermano en el ministerio: «Esta es una mentira del abismo del infierno. Solamente quienes tienen una mente celestial tienen algún bien terrenal». Mi opinión sobre el asunto es que debe haber un remanente entre los creyentes cuyo enfoque sea la cultura y la funcionalidad del cielo, y no descansarán hasta que lo que está abajo sea un reflejo de lo que está arriba. No significa una erradicación del caos que existe en nuestro mundo sino, en palabras de mi mentor, la transmutación del mismo.

> El potencial divino dentro de la creación no fue retirado, ni de las cosas creadas ni de los seres humanos creados.

En el principio, Dios creó un mundo perfecto. Todo estaba bien. Dios vio y declaró que estaba bien. Es este bien el que se transformó en algo contrario cuando el pecado entró en el mundo. No era una nueva realidad sino una realidad transformada. Lo que una vez fue bueno se torció y se sometió a la corrupción y la muerte. Significa entonces que todo lo que es «bueno» todavía está incrustado en todo lo que identificamos como «malo». El caos es una manifestación corrupta del orden divino.

El potencial divino dentro de la creación no fue eliminado, ni de las cosas creadas ni de los seres humanos creados. Todos llevamos esa chispa divina que está ahí esperando a ser activada, para que pueda corregir lo que ha estado desalineado y sesgado. Este es uno de los motivos por los que no podemos descartar a nadie como perdido, independientemente de lo que haya hecho. Esta chispa divina es en lo que nuestro Padre se enfoca para expandirla. Él no se enfoca en nuestros defectos. Si el Padre perfecto no viera nada más que nuestros defectos, entonces la redención no sería posible. Ahí va uno de los temas entre la comunidad cristiana en general; nos enfocamos demasiado en los defectos de los demás.

Porque la creación fue sometida a vanidad, no por su propia voluntad, sino por causa del que la sometió, en esperanza de que también la creación misma será liberada de la servidumbre de la corrupción, a la gloriosa libertad de los hijos de Dios. (Romanos 8:20-21 - RVR).

Si Aquel que creó todas las cosas *buenas* pero tuvo que verlas hundirse en la decadencia puede ejercer esperanza en su restauración, ¿no deberíamos aferrarnos también a esa esperanza?

Si en esta vida solamente esperamos en Cristo, somos los más dignos de conmiseración de todos los hombres. (1 Corintios 15:19 - RVR).

La esperanza se extiende más allá de este mundo y de los acontecimientos de nuestro mundo actual hacia un mundo que existe pero que todavía no se ha manifestado. Hemos visto destellos de ello en nuestra historia y texto escrito, suficientes para nutrir la semilla de esperanza incrustada en nosotros, pero todavía tenemos que ver la manifestación completa de ese mundo donde nuestra esperanza está arraigada y cimentada.

Mas nuestra ciudadanía está en los cielos, de donde también esperamos al Salvador, al Señor Jesucristo; el cual transformará el cuerpo de la humillación nuestra, para que sea semejante al cuerpo de la gloria suya, por el poder con el cual puede también sujetar a sí mismo todas las cosas. (Filipenses 3:20-21 - RVR).

> No somos solo habitantes de la tierra, sino ciudadanos de ese reino infinito que todavía no se ha manifestado por completo.

Nuestro nuevo nacimiento nos ha hecho ciudadanos de otro mundo. No somos únicamente habitantes de la tierra, sino ciudadanos de ese reino infinito que todavía no se ha manifestado por completo. Podemos obtener todo el conocimiento que queramos de los asuntos actuales en la tierra, ya sea las fallas de nuestro sistema educativo, la corrupción de nuestras fuerzas del orden y políticos, la tasa de homicidios, quién está haciendo qué y quién no está haciendo qué, pero mirando la tierra como es, y tener incluso las enunciaciones más intrigantes y políticamente correctas sobre el mismo no cambiará nuestro mundo. Debemos saber para qué se significó o se creó algo y devolverlo a esa forma o función original, y esto solo puede ser facilitado por aquellos que pueden ver más allá del caos y extraer de un mundo que todavía no se conoce y se experimenta por completo. «En la tierra como en el cielo» no es solo una declaración, sino una meta a lograr, y está íntimamente ligado, como mínimo, a Génesis 1:26:

«Entonces dijo Dios: Hagamos al hombre a nuestra imagen, conforme a nuestra semejanza; y señoree en los peces del mar, en las aves de los cielos, en las bestias, en toda la tierra, y en todo animal que se arrastra sobre la tierra».

Esto no es una negación de lo que es, sino un reconocimiento de lo que puede ser. No es hacer la vista gorda ante las realidades de este mundo, sino ver el mundo que estaba destinado a ser y dejar de descansar hasta que se convierta en eso.

Capitulo dos
Regreso al principio

Más o menos en la última década de mi viaje, cada pregunta que he tenido sobre la realidad celestial me ha llevado de vuelta al principio. ¿Qué tiene el comienzo que parece tan relevante para el lugar al que nos dirigimos o nos estamos convirtiendo? Entonces, eché otro vistazo. «En el principio creó Dios los cielos y la tierra… y vio que era bueno».

Entonces, la hierba de los campos, los árboles, las hierbas y la vegetación eran buenas. La tierra, los mares, la vida animal, la vida marina y las aves eran buenas. Las estrellas, los sistemas solares, las galaxias, el sol y la luna estaban todos bien. El ser humano, macho y hembra, era bueno.

Ahora bien, la ley de la naturaleza dice que si cambiamos algo de su forma original, no puede volver a ser lo que era. Por ejemplo, el vino. ¿Qué tan cierto es esto? Si tuviera que tratar de abordar esta pregunta, lo haría con una pregunta hipotética. ¿Qué pasa si los milagros son simplemente una restauración de lo que originalmente era bueno? ¿Cómo responderíamos eso considerando lo que ya sabemos sobre los milagros?

¿Qué ocurre si los milagros son simplemente nuestra capacidad para restaurar lo que originalmente era bueno? ¿No son los milagros nuestra capacidad de anular las realidades actuales con otra realidad? ¿No son los milagros nuestra capacidad de superponer otro mundo al actual?

En la antigüedad se solía decir «Lo que va, vuelve». Sabían que la vida y la existencia como la conocemos es un círculo y no una línea recta. Significa que no importa en qué parte de ese círculo comencemos, en algún momento debemos volver a ese punto exacto, sin importar cuánto tiempo tome. Esto es lo que pienso: Imagínese si recorremos este círculo de la vida a través de las experiencias que Dios permite para madurarnos. Volvemos al punto de partida, pero todavía nos quedamos cortos (han sido medidos y encontrados deficientes). Entonces debemos dar la vuelta de nuevo. Considere el Éxodo de los hijos de Israel de Egipto. Dios los liberó de la esclavitud y los envió a un viaje que debería haber tomado días. Sin embargo, se quedaron dando vueltas por el desierto durante cuarenta años. En este sentido, existe

> La creación gime por la manifestación de los hijos de Dios; nada más.

una gran posibilidad de que la iglesia haya estado dando vueltas en bucle durante siglos porque cada vez que volvemos a ese punto de inicio, no nos parecemos al principio.

La creación gime por la manifestación de los hijos de Dios; nada más. En el principio, Dios creó hijos, no miembros de la iglesia, no clérigos, no calienta bancas, no los laicos, sino Sus propios hijos, y eso es lo que la creación espera.

Echemos otro vistazo:

En el principio creó Dios los cielos y la tierra. Y la tierra estaba desordenada y vacía, y las tinieblas estaban sobre la faz del abismo, y el Espíritu de

El potencial divino dentro del caos de nuestro mundo

Dios se movía sobre la faz de las aguas. (Génesis 1:2 - RVR).

Dios vio la realidad actual, pero también vio algo más. El Creador se puso a trabajar, y cuando terminó, dijo: «Estuvo bien». Vio que estaba bien. Dios miró algo que no tenía forma, vacío y cubierto de tinieblas, y produjo algo que era muy bueno. Él nos creó a Su imagen y semejanza, así que también llevamos esta capacidad. Entonces, aquí hay una pregunta para usted: ¿Cuándo fue la última vez que vio algo sin forma, vacío y sumergido en la oscuridad, y saco algo bueno de eso? La mayoría de la gente ve este vacío, la falta de forma y la oscuridad y simplemente habla de ello como si fuera la única realidad. Dios nunca hizo eso porque pudo ver las posibilidades incrustadas en lo que estaba mirando.

Hay personas en mi vida y familia que muchos han dado de baja por sus malos hábitos y la realidad actual. Me niego a hacer eso. He visto proféticamente cómo el descuido de mi responsabilidad de extender el «bien» a estos individuos puede hacer que el caos se expanda en el futuro. Así que no los trato en base a sus realidades actuales, sino en base a la posibilidad futura de que el bien que veo en ellos se expanda, sin importar cuán pequeña pueda parecer esa chispa en el presente. Incluso el más ferviente de los criminales fue una vez un pequeño bebé inocente. Nadie nace con «malas» intenciones. En algún momento de nuestra estadía aquí, vimos el mundo como un lugar hermoso y, seguramente, queríamos contribuir a eso. ¿Qué sucedió? ¿Cómo perdimos nuestra esperanza? ¿Cuándo dejamos de creer en las personas y en nosotros mismos?

Siempre debemos revisar ese punto del comienzo y siempre creer que así como fue muy bueno al principio, también será muy bueno al final.

Debemos comenzar a ver el mundo, incluidas las personas, no por lo que son actualmente, sino por la posibilidad de lo que pueden llegar a ser. Jesús llamó a doce, no de la iglesia como era en ese día sino de diferentes esferas de la sociedad. Llamó a un recaudador de impuestos que recaudaba más de lo que debía, pescadores, una prostituta; el sistema religioso de la época tenía un gran problema con esto porque todos estos eran considerados «pecadores». Llevaban la etiqueta «no es bueno». Jesús tomó a estos hombres y mujeres desde donde estaban hasta el principio, para que operaran en su verdadera naturaleza como seres humanos redimidos. Conocemos sus historias y cómo cambiaron el mundo.

> La esperanza nos empodera para ver más allá de las realidades actuales, todo el camino de vuelta al principio antes de la corrupción.

¿Cuándo fue la última vez que cambió la vida de un «pecador»? Nos hemos conformado con guiar a los no creyentes a decir una pequeña oración y pasar a la siguiente persona, pero nuestro papel en sus vidas se extiende más allá de eso. Debemos hacer discípulos, no conversos. Debemos mostrarles el camino de regreso al principio donde operan en su verdadera naturaleza como hijos de Dios. Jesús vivió este ejemplo para que lo sigamos. No hay ser humano caído que no pueda acceder al principio con la guía, la enseñanza y la tutoría adecuadas. Una vida transmutada es nuestra meta para salvar a la gente. Nuestro papel no acaba cuando le dicen sí a Jesús. Eso es solamente el inicio.

La esperanza nos empodera para ver más allá de las realidades actuales, desde el principio antes de la corrupción. Debemos desarrollar un ojo para ver el mundo sin caos y libre de fallas. Lo que estoy compartiendo ahora es por qué veo el mundo como lo veo hoy. Incluso mirando a un lunático en la calle, no solo veo todas las razones para extenderle únicamente lástima y unos cuantos dólares a esa persona, sino que veo las posibilidades divinas de ese ser humano hecho a imagen y semejanza de Dios. Todavía no soy lo suficientemente valiente como para asumir una tarea tan grande, pero veo las posibilidades. Veo la chispa divina.

Capítulo tres
Desarrollar un lenguaje de vida

En Jamaica, la muerte se celebra bajo la apariencia de una «celebración de la vida». Muchas familias han tenido que buscar más dinero para alimentar a los que se presentan cuando alguien muere y para llevar a cabo ciertos rituales que lo que tienen que encontrar para el entierro como tal. Se siguen agregando elementos, lo que aumenta el costo: los funerales ahora son más caros que las bodas. Las personas que se presentan rara vez traen algo, pero están allí para consumir en nombre de la «celebración». El 95 % de estas personas desaparecerán el día después del funeral, y muy rara vez preguntarán cómo nos las estamos arreglando. Lo sé porque experimenté esto cuando mi padre murió en 2012.

Tristemente, hay un lenguaje de muerte que también se ha infiltrado en la iglesia donde el rapto o la muerte se convierten en nuestra salvación. Jesús es nuestra salvación, y vino para que tengamos vida abundante. «Él murió para que podamos vivir» es lo que siempre decimos, sin embargo, nuestra transmutación, transfiguración, cambio en un abrir y cerrar de ojos y volvernos inmortales son todos procesos que adjuntamos a la muerte como si una vez que un creyente muere, este cambio es automático. Extrañamente, mantenemos estas creencias a pesar de que solamente una minoría de creyentes en la tierra puede testificar verdaderamente de lo que nos espera después de la muerte. La mayoría de nosotros no sabemos mucho sobre el otro mundo más allá de este.

Los seres humanos no fueron creados para morir.

Aunque la muerte se ha convertido en una realidad muy dolorosa para nosotros, y es difícil ignorarla o mirar más allá, existe una contracultura que Jesús instituyó y que no podemos negar. Los comienzos humanos no fueron creados para morir. Entonces, como de costumbre, volvamos al principio. Cuando Dios formó a Adán del polvo, sopló en su nariz y se convirtió en un alma viviente, en realidad era inmortal. La mujer le fue arrebatada, y ella era inmortal. Fue cuando desobedecieron un mandato directo de Dios que el pecado y la muerte entraron en el mundo. Entonces, sabemos que el pecado y la muerte pueden haber existido fuera del mundo que Dios creó, pero también sabemos cuándo se convirtió en parte de nuestra realidad. Desde entonces, el lenguaje de la muerte ha permeado los labios de la humanidad, y lo vemos y lo escuchamos todos los días.

Pero no ignoremos algunas realidades bíblicas. Enoc no murió. Elías no murió. Moisés y Elías se le aparecieron a Jesús en este lugar, y tuvieron una conversación y fueron vistos por los hombres. Tampoco ignoremos dos escrituras muy claras:

He aquí, os digo un misterio: No todos dormiremos; pero todos seremos transformados, en un momento, en un abrir y cerrar de ojos, a la final trompeta; porque se tocará la trompeta, y los muertos serán resucitados incorruptibles, y nosotros seremos transformados. (1 Corintios 15:51-52 - RVR).

Jesús le dijo: «Yo soy la resurrección y la vida. El que cree en Mí, aunque muera, vivirá. Y todo aquel que vive y cree en Mí, no morirá jamás. ¿Cree usted esto?». (Juan 11:24-26 - RVR).

La Biblia deja claro que la muerte es el último enemigo a ser derrotado. Vemos a Jesús venciendo la muerte. Significa entonces que para que Dios haya pasado por ese proceso de muerte, de alguna manera debe haber cambiado la «función» de la muerte de lo que era antes de encontrar a Cristo. Entonces, los creyentes realmente no mueren porque Dios es el Dios de los vivos, no de los muertos (ver Mateo 22:32).

Entonces, ¿por qué murieron todos los discípulos? ¿Por qué todavía morimos?

¿Murieron los discípulos, o dieron sus vidas como lo hizo Jesús? Si Jesús experimentó una resurrección, ¿por qué creemos que los discípulos no la experimentaron? ¿Por qué pensamos que la resurrección de los santos es un evento único en algún lugar del futuro? ¿Por qué realmente ponemos tantas limitaciones a Dios? Ya sabemos que hubo santos que resucitaron cuando Jesús murió. ¿Sabías que el conocimiento está en la tierra de que hay muchos santos que son resucitados después de tres días de haber sido sepultados desde entonces? Puede que no estemos de acuerdo, pero ¿es esto realmente imposible para Dios?

> No tenemos que morir porque nuestros cuerpos no fueron hechos para morir.

La muerte no es mayor que la vida que Dios nos ha regalado. Es aparentemente mayor porque creemos que lo es, pero necesitamos entender lo que Jesús realmente ha hecho. El quitó el aguijón y el veneno de la muerte, y ahora tiene las llaves. La realidad es que, así como Jesús venció la muerte para experimentar la transformación de todo Su ser, así también nosotros debemos vencerla. Morimos porque no hemos aprendido cómo acceder a la semilla de la inmortalidad ahora incrustada en nuestros cuerpos en virtud de lo que Jesús hizo por nosotros.

El mundo está tratando de descubrir esta tecnología fuera de Cristo. Los que estamos en Cristo necesitamos aprovechar esta realidad porque nos pertenece. No tenemos que morir porque nuestros cuerpos no fueron hechos para morir. El primer paso en este proceso es cambiar nuestro idioma. Deje de glorificar la muerte y elevarla por encima de la vida. Celebre la vida. Hable de la vida. Crea en la vida.

Caminó, pues, Enoc con Dios, y desapareció, porque le llevó Dios. (Génesis 5:24 - RVR).

Lo que sea que Enoc y Elías accedieron a través del cual Dios los sacó de este mundo sin que tuvieran que participar en la muerte, está disponible para nosotros hoy en día en una medida todavía mayor. Creo que una parte de nosotros sabemos intuitivamente que somos criaturas eternas, y que no fue la intención de Dios que nuestra alma/espíritu se separara de nuestros cuerpos. Dios se aseguró de que nunca perdiéramos este conocimiento al preservar esas referencias bíblicas, entonces, ¿por qué no prestarle atención?

> Creo que una parte de nosotros sabe intuitivamente que somos criaturas eternas y que no fue la intención de Dios que nuestra alma/espíritu se separara de nuestros cuerpos.

La muerte y la vida están en poder de la lengua, Y el que la cuida comerá de sus frutos. (Proverbios 18:21 - RVR).

¿Qué pasa si acabamos muriendo porque «creemos» que vamos a morir? ¿Y si empezáramos a creer que vamos a vivir? ¿Qué pasaría si empezáramos a declarar, como David, **«No moriré, sino que viviré, y contaré las obras del Señor»? (Salmo 118:17 - RVR).** David fue un hombre de guerra que vivió hasta una edad muy avanzada. Sí, es posible que todavía no tengamos acceso a la inmortalidad en nuestros cuerpos y terminemos muriendo incluso con un cambio en nuestro idioma, pero es un comienzo para cambiar la mentalidad de las generaciones venideras.

Incluso el apóstol Pablo tuvo una conversación interesante:

Mas si el vivir en la carne resulta para mí en beneficio de la obra, no sé entonces qué escoger. Porque de ambos lados me siento apremiado, teniendo deseo de partir y estar con Cristo, lo cual es muchísimo mejor; pero quedar en la carne es más necesario por causa de vosotros. (Filipenses 1:22-24 - RVR).

Pablo dijo que tenía una opción. ¿De verdad? Si leemos con atención la historia de Pablo, veremos que murió y resucitó varias veces durante su ministerio.

Conocía el poder de la resurrección y era muy consciente de la inmortalidad incrustada en su ser. Cuando terminó su curso, se fue, lo que significa que, al menos, no necesitamos dejar este reino hasta que hayamos terminado nuestra carrera.

Cuando murió mi padre, fui a la iglesia el domingo siguiente y me di cuenta de que la mayoría de las canciones que cantábamos sonaban como canciones fúnebres. En su mayoría se trataba de dejar este mundo atribulado. ¿Realmente queremos morir tanto? O tal vez, como yo, existe este miedo de declarar públicamente la vida, solo para morir y luego nuestro testimonio es visto como falso. Digo que nos deshagamos del miedo y comencemos a hablar de vida e inmortalidad.

Soy consciente de las Escrituras que usamos para cultivar nuestro lenguaje de «todos deben morir».

Y de la misma manera que está reservado a los hombres el morir una sola vez, y después de esto el juicio. (Hebreos 9:27 - RVR).

Pero rara vez citamos el siguiente verso:

Así también Cristo fue ofrecido una sola vez para llevar los pecados de muchos; y aparecerá por segunda vez, sin relación con el pecado, a los que le

esperan ansiosamente para salvación. (Hebreos 9:28 - RVR).

Todos tenían una cita con la muerte antes de que Jesús viniera y muriera de una vez por todas.

Y por todos murió, para que los que viven, ya no vivan para sí, sino para aquel que murió y resucitó por ellos. (2 Corintios 5:15 - RVR).

Conocedores de esto, que nuestro viejo hombre fue crucificado juntamente con él, para que el cuerpo del pecado sea reducido a la impotencia, a fin de que no sirvamos más al pecado. (Romanos 6:6 - RVR).

Si ya no somos esclavos del pecado, ya no somos esclavos de la muerte, que es la paga del pecado. Jesús vino a dar vida.

El ladrón no viene sino para hurtar, matar y destruir; yo he venido para que tengan vida, y para que la tengan en abundancia. (Juan 10:10 - RVR).

Nuestro lenguaje, entonces, debe estar repleto de la esencia misma de la vida. Mi mentor hizo una pregunta pertinente: «¿Se beneficia Dios con tu muerte?». Creo que se beneficia más de nuestra vida; con cuerpo, alma y espíritu en un solo lugar. Esta es nuestra calificación para ayudar al cielo a transformar este mundo. No podemos hacer eso si nuestro cuerpo yace en una tumba. No hay creyente que deba dejar este mundo sin antes declarar:

He peleado la buena batalla, he acabado la carrera, he guardado la fe. Por lo demás, me está guardada la corona de justicia, la cual me dará el Señor, el juez justo, en aquel día; y no solo a mí, sino también a todos los que aman su venida. (2 Timoteo 4:7-8 - RVR).

Como dijo el gran Myles Munroe: «Deja este mundo vacío».

Capítulo cuatro
Desarrollar una mentalidad de riqueza

Crecí en la iglesia pensando que Jesús era pobre, por lo que el camino del cristiano es la pobreza. Se nos enseñó que el dinero era malo y que nos haría perder el cielo porque era más fácil que un camello pasara por el ojo de una aguja que un rico entrara al cielo. Fuimos groseramente engañados.

> Es realmente difícil, si no imposible, generar riqueza para uno mismo trabajando para alguien.

Quiero hablar de riqueza, pero no desde la perspectiva del «evangelio de la prosperidad» que todos conocemos y odiamos. Todo lo bueno puede corromperse; todo lo dañado puede ser restaurado. Debemos comenzar a cultivar un nuevo entendimiento y lenguaje para la riqueza desde la perspectiva del Reino. Dios nunca me ha dado una visión para ser mayordomo que no requiera financiación.

Hay algo que se llama «pobreza voluntaria», y son sectas que deciden vivir su vida con lo mínimo mientras dependen de las donaciones para llevar a cabo la obra de Dios. Esta es una elección personal y un sacrificio. Aparte de esto, la mayoría de nosotros necesitamos riqueza y tenemos la capacidad de generar riqueza.

sino acuérdate de Jehová tu Dios, porque él te da el poder para hacer las riquezas, a fin de confirmar su pacto que juró a tus padres, como en este día. (Deuteronomio 8:18 - RVR).

Si no leyera la Biblia, no sabría que las Escrituras están allí. *Dios nos da el poder para obtener riquezas.* Permítanme decir esto, es realmente difícil, si no imposible, generar riqueza para nosotros mismos trabajando para alguien. Lo que en realidad estamos haciendo es ayudar a otra persona a generar riqueza. Lo sé porque estuve en el ambiente de 9 a 5 durante casi veinte años y me fui sin absolutamente nada. Todas las personas para las que trabajé tenían casas enormes, conducían los mejores vehículos y la educación de todos sus hijos estaba correctamente financiada.

Creo que debido a nuestra forma de pensar, los creyentes se han encontrado en el lado equivocado de los negocios. Esto debe corregirse. Un trabajo regular de 9 a 5 tiene un propósito principal: ayudarnos a establecer nuestro propio negocio exitoso. Recuerde que tenemos la tarea de cuidar de nuestras familias, así como dejar una herencia para los hijos de nuestros hijos. Esto es a lo que la Biblia se refiere como «bueno».

El bueno dejará herederos a los hijos de sus hijos; Pero la riqueza del pecador está reservada para el justo. (Proverbios 13:22 - RVR).

> Gran parte de lo que ganan los creyentes va a parar a los bolsillos de los no creyentes.

He oído que la riqueza de los impíos solamente puede transferirse a los creyentes que tienen negocios. Una de las principales revelaciones que se perpetúan en la tierra hoy en día es sobre el espíritu empresarial del reino. Hay una razón para eso. Dios nos está llamando a los negocios, y esto puede tomar muchas formas. Podemos convertir nuestras pasiones en ganancias. Por ejemplo, podemos alquilar un espacio y comprar y vender u ofrecer un servicio en el que somos realmente buenos. Las posibilidades son infinitas, y en el cielo no faltan ideas.

En el mundo en el que vivimos ahora, los injustos se están enriqueciendo porque todos, incluidos los creyentes, deben acudir a ellos por los servicios y productos que necesitan. Esto quiere decir que una gran parte de lo que ganan los creyentes va a parar a los bolsillos de los no creyentes. A esta realidad hay que darle la vuelta. Tenemos que desarrollar una perspectiva divina del dinero y la riqueza acumulada. Es el amor al dinero la raíz de todos los males, no el dinero en sí mismo.

Cuando Adán y Eva fueron creados, tenían acceso a todos los recursos imaginables que existían, es decir, el oro, la plata, los diamantes y todas las piedras preciosas. No les faltaba nada; no tenían necesidad de nada; no tenían que pedir prestado, rogar o estafar a nadie para conseguir nada. Había suficiente para toda su descendencia, extendiéndose hasta nosotros. Nos engañamos al pensar que no hay suficiente para todos. Hay suficiente para todos; simplemente no hemos aprendido cómo acceder a eso. Nuestro sistema de creencias y mentalidad también se convierten en un gran obstáculo para acceder al potencial divino incrustado en cualquier cosa, incluso en nosotros mismos.

Antes de que podamos comenzar a generar riqueza, nuestra forma de pensar ha de cambiar. Me tomó muchos años deshacer el desorden del mal pensamiento con respecto a la riqueza. Cuando finalmente superé ese obstáculo, estaba fallando en el área de gestión del dinero. Entonces, hay dos facetas para crear riqueza:

1. Acumular riqueza

2. Administrar la riqueza

Mi idea de la creación de riqueza va más allá de la práctica del diezmo y la ofrenda porque todo le pertenece a Dios, no solamente una parte. Tendemos a estancarnos en lo que respecta a la acumulación de riqueza.

El mundo sufre una inflación en la que el costo de la vida básica puede dispararse debido a eventos imprevistos, por ejemplo, la guerra y la interrupción de nuestra cadena de suministro. No es realmente difícil que la economía de una nación se derrumbe. A menudo, nuestros salarios son incapaces de satisfacer las demandas de la vida diaria y comenzamos a acumular enormes deudas que se convierten en una espina clavada en nuestra carne. En mi país, rara vez compramos casas y automóviles sin una hipoteca y, por lo general, una sola persona no puede comprar una casa. La acumulación de riqueza se ha vuelto obligatoria para los creyentes que ni siquiera saben por dónde empezar.

Hace más de dos décadas, recibí algo: Escriba y venda obras de teatro cristianas en línea. Nunca había oído hablar de tal cosa. ¿Cómo iba yo a vender? Dios me proporcionó un mentor en el momento justo y fui guiado en el proceso. Si no hubiese comenzado, hubiese hecho preguntas, investigado y hecho todo el trabajo preliminar que hice, los recursos que necesitaba no habrían llegado.

Hace más de una década, recibí algo más: escribir y publicar un libro. ¡¿Qué?! Sabía sobre la publicación tradicional y que solo el 5 % de los autores están firmados, pero no tenía idea de que la autoedición estaba teniendo una gran reputación. Nuevamente, hice el trabajo preliminar, los recursos encajaron y ahora estoy operando un negocio exitoso como editor y proveedor de servicios de autoedición.

Recuerdo mirar un curso de corrección de estilo que quería hacer pero no podía pagarlo. En algún momento del 2021 pude pagar ese curso con facilidad.

Ahora veo la acumulación y gestión del dinero y la riqueza desde una perspectiva diferente. Siempre estoy abierto a descargas divinas y, por lo general, estoy listo para tomar la iniciativa y arriesgarme en un nuevo negocio. Así es como comencé mi negocio, además de tratar mi viaje como autor como una empresa comercial.

Todos tenemos pasiones y cosas que amamos y disfrutamos hacer. Todas estas son vías para la creación de riqueza. El término que acuñan para eso es «monetizar su pasión». Si un hombre puede lanzar una gran franquicia a partir de freír pollo, ¿por qué limitarnos? Ya sea el arte, el amor por la tecnología, escribir, coser, hablar, la nutrición, todo puede convertirse en una fuente de riqueza.

¿Debe el dinero ser el foco para iniciar un negocio? Oh sí. Si no lo tenemos, entonces está bien priorizar para conseguirlo. Cuando hayamos acumulado suficiente riqueza, automáticamente el dinero ya no será nuestro enfoque principal a menos que caigamos en el pecado de la codicia. Pero no es codicia centrarse en acumular riqueza cuando no la tenemos.

¿Cuál es la razón/propósito de la riqueza? Puedo pensar en dos cosas:

1. Que la financiación educativa de nuestros hijos y nietos está asegurada.
2. Dejarles una herencia significa que no necesitan empezar de cero, por lo que pueden comenzar a liberar lo que trajeron al mundo desde una edad temprana.

He visto a jóvenes lograr su doctorado a los 20 años. La mayoría de mi generación tuvo que encontrar un trabajo inmediatamente después de la escuela secundaria y continuar su educación por su cuenta, lo que a veces toma décadas para alcanzar niveles de

> Creo que tenemos la capacidad de crear riqueza porque Dios lo dice.

educación más altos.

Debemos cambiar la forma en que vemos la riqueza y su importancia para el avance del Reino de Dios. Debemos pensar como empresarios. Todos mis negocios están registrados y cumplen con los impuestos. Son globales y atraen clientes fuera de mi país. Para todas mis actividades comerciales, siempre pienso globalmente.

Creo que tenemos la capacidad de generar riqueza porque Dios lo dice. Primero, nuestra mentalidad tiene que cambiar, luego nuestro lenguaje cambiará. Debemos estar dispuestos a hacer el trabajo preliminar y los recursos llegarán. Debemos estar preparados para tomar algunos riesgos. Si hay un fracaso, no podemos rendirnos. Si seguimos intentándolo, el éxito nos encontrará.

Capítulo cinco
Gloria manifestada

Levántate, resplandece; porque ha venido tu luz, y la gloria de Jehová ha amanecido sobre ti. Porque he aquí que tinieblas cubrirán la tierra, y oscuridad las naciones; mas sobre ti amanecerá Jehová, y sobre ti será vista su gloria. Y andarán las naciones a tu luz, y los reyes al resplandor de tu amanecer. (Isaías 60:1-3 - RVR).

El caos de nuestro mundo no conduce ni señala el fin del mundo. El final está ligado al principio donde la gloria de Dios es completamente restaurada y manifestada en la creación. La trayectoria de nuestra línea de tiempo actual conduce a un final glorioso antes de que el tiempo ya no exista. Necesitamos dejar de usar el desastre y la calamidad para marcar los tiempos y las estaciones de Dios. Dios no ve el mundo de la misma manera que nosotros, y necesitamos comenzar a ver como Él lo ve.

Fue el peor de los tiempos cuando Dios se hizo carne y habitó entre nosotros, pero era la plenitud de los tiempos (ver Gálatas 4:4) . La «iglesia» entonces estaba buscando algo específico y perdió su hora de visitación. No debemos cometer el mismo error. No asuma que sabe cómo será la segunda venida de Jesús, o nuestra suposición puede convertirse en nuestro mayor obstáculo para reconocer ese momento cuando llegue. He visto a personas de la iglesia clamar a Dios por ayuda y luego rechazar la ayuda cuando llega. Esta es una seria contradicción con la que he tenido que lidiar. He aprendido que el conocimiento es poder, pero también puede convertirse en un estorbo.

Los escribas, fariseos y maestros de la ley conocían bien la Torá, pero no podían identificar a Jesús, el Hijo de Dios. El conocimiento es un registro de los movimientos de Dios en el pasado. No puede decirnos lo que Dios hará en el presente o en el futuro. Solo el Espíritu de Dios puede hacer eso.

Pero Dios nos las reveló a nosotros por medio del Espíritu; porque el Espíritu todo lo escudriña, aun las profundidades de Dios. (1 Corintios 2:10 - RVR).

Una de las razones por las que el cristianismo en Occidente es como es hoy es porque priorizamos el conocimiento por encima de la experiencia. Ambos deben funcionar sincronizados entre sí. La realidad de mi generación es que pensamos que sabemos mucho, pero hemos experimentado muy poco. En consecuencia, nuestro conocimiento está lleno de contradicciones. Cuando el mundo fue golpeado por una pandemia global y todos se vieron obligados a conectarse en línea, me sorprendió la cantidad de «doctrinas y teologías» diferentes que había en la cristiandad, y todos creían que eran correctas. Está bien que estemos en desacuerdo unos con otros, pero tomar la posición de que «yo tengo razón y todos los demás están equivocados» es asumir una postura incorrecta. Todos podemos estar equivocados.

Pues ahora vemos mediante espejo, borrosamente; mas entonces veremos cara a cara. Ahora conozco en parte; pero entonces conoceré tan cabalmente como soy conocido. (1 Corintios 13:12 - RVR).

> La gloria de Dios se manifestará plenamente sobre la tierra antes del fin de los tiempos.

Si nuestra vista está oscurecida, entonces no podemos pretender tener la verdad absoluta. La mayoría de nosotros ni siquiera hemos experimentado lo que creemos de todas maneras. Lo sabemos, pero nunca lo hemos visto. Lo creemos, pero nunca lo hemos experimentado. Lo mejor que podemos hacer es seguir mirando las Escrituras y desarrollar una sensibilidad y conciencia del Espíritu Santo en nuestro interior para que podamos ser guiados en consecuencia.

Según las Escrituras, el mundo no terminará en caos ni a causa del caos. La gloria de Dios se manifestará plenamente sobre la tierra antes del fin de los tiempos. Llevamos esa gloria dentro debido a nuestra fe en Jesús. Me encanta lo que Pablo escribió:

Maridos, amad a vuestras mujeres, así como Cristo amó a la iglesia, y se entregó a sí mismo por ella, para santificarla, habiéndola purificado con el lavamiento del agua por la palabra, a fin de presentarla él a sí mismo como una iglesia gloriosa, que no tenga mancha ni arruga ni cosa semejante, sino que sea santa y sin mancha. (Efesios 5:25-27 - RVR).

> Es fácil para la gente negar a Dios en un mundo donde Su gloria no se manifiesta y se exagera el caos.

Esto no es algo que deba lograrse después de la muerte. Creo que los santos que se han ido también tendrán un papel que desempeñar en esto porque Hebreos nos dice que solo hay «una iglesia. La clave en este texto es que sepamos que cuando el fin esté cerca, la iglesia se verá así (gloriosa, santa, sin mancha, sin arrugas ni imperfecciones). Jesús no regresará por una iglesia quebrantada o una comunidad de creyentes que funcionan por debajo de los estándares de Su iglesia. Él regresará por una versión más grande, más gloriosa y radiante de la iglesia donde la gloria de Dios es evidente y se manifiesta para que el mundo la vea.

Es fácil para la gente negar a Dios en un mundo donde Su gloria no se manifiesta y se exagera el caos. Llegará de nuevo el día en que los incrédulos se arrojarán al pie de la iglesia y gritarán «¿Qué debo hacer para ser salvo?». Y no será por un mundo caótico sino porque la gloria de Dios será tangible y real. Entonces llegará el fin de los tiempos.

Capítulo seis
El espíritu de Dios derramado primero

Y después deesto derramaré mi Espíritu sobre toda carne, y profetizarán vuestros hijos y vuestras hijas; vuestros ancianos soñarán sueños, y vuestros jóvenes verán visiones. Y también sobre los siervos y sobre las siervas derramaré mi Espíritu en aquellos días. Y obraré prodigios en el cielo y en la tierra, sangre, y fuego, y columnas de humo. El sol se convertirá en tinieblas, y la luna en sangre, antes que venga el día grande y espantoso de Jehová. Y todo aquel que invoque el nombre de Jehová se pondrá a salvo; porque en el monte de Sión y en Jerusalén habrá liberación, como ha dicho Jehová, y entre los supervivientes estarán los que Jehová llame. (Joel 2:28-32 - RVR).

> El Espíritu de Dios debe ser derramado primero sobre toda carne antes de que llegue el fin.

El espíritu de Dios debe ser derramado primero sobre toda carne antes de que llegue el fin. La gloria de esta última casa debe ser completamente restaurada y manifestada antes de que termine la era de los tiempos.

Es nuestro enfoque en el caos lo que hace posible que seamos engañados por un anticristo. Nuestro enfoque en el caos significa que estamos buscando a Dios para que dé una solución o haga algo sobre lo que está sucediendo, de manera que cuando surja un anticristo y comience a hacer algo para rectificar el mundo, fácilmente seremos atraídos hacia él/ella. La verdad es que Dios ya abordó el caos en nuestro mundo y proporcionó una solución cuando nos hizo creyentes en Jesús. Mientras nos veamos a nosotros mismos como meros observadores en este mundo, estaremos esperando que Dios haga algo que Él ya ha hecho. Somos la solución a los males de este mundo.

> Es nuestro enfoque en el caos lo que hace posible que seamos engañados por un anticristo.

La cura para el caos se llama «iglesia», aunque es una versión más madura y perfeccionada que la que conocemos ahora. Todavía no es un papel que hayamos aprendido a desempeñar muy bien, por lo que la gente deambula de un lugar a otro buscando a Jesús y el Reino de Dios. Jesús está en nosotros, y el Reino de Dios está en nosotros.

Ahora bien, cuando los fariseos le preguntaron cuándo había de venir el reino de Dios, les respondió y dijo: El reino de Dios no viene con advertencia, ni dirán: Aquí está, o: Allí está; porque el reino de Dios está en medio de vosotros. (Lucas 17:20-21 - RVR).

Si seguimos buscando algo que venga de Dios desde afuera, nos exponemos al engaño. Somos los caballeros de brillante armadura. Somos la luz y la sal del mundo. Somos los portadores de la gloria y presencia de Dios. Es nuestro surgimiento como un hijo de Dios ardiente, resplandeciente y radiante lo que marcará el comienzo del fin de los tiempos.

> Es nuestro surgimiento como un hijo de Dios ardiente, resplandeciente y radiante lo que marcará el comienzo del fin de los tiempos.

La palabra profética en Joel 2 fue citada por Pedro en el Nuevo Testamento en el día de Pentecostés. Estaban convencidos de que estaban viendo el cumplimiento de esa palabra en su tiempo. Inmediatamente después, la iglesia fue objeto de una fuerte persecución, lo que condujo a la destrucción del templo unas décadas más tarde. Si creemos que Joel 2 es una palabra profética que se cumplirá justo antes del final, entonces debemos prestar atención al orden de los eventos.

En primer lugar, el Espíritu se derrama sobre toda carne. Aparentemente, esto es en una escala mayor que el día de Pentecostés porque dice sobre «toda carne». Creo que el fin pudo haber llegado en su tiempo, pero Dios quería que el evangelio se extendiera a los gentiles, por eso creo que Él permitió que la iglesia se convirtiera en lo que es hoy. De hecho, hay una escritura que dice que cuando haya entrado el número de gentiles, entonces los judíos serán salvos. Esta es la gracia cuando Dios permite que un grupo salvaje de personas participe en la realidad del nuevo hombre donde somos injertados en la filiación y no hay más judíos ni gentiles.

Porque no quiero, hermanos, que ignoréis este misterio, para que no os tengáis por sensatos en vuestra propia opinión: que ha acontecido a Israel endurecimiento en parte, hasta que haya entrado la plenitud de los gentiles; (Romanos 11:25 - RVR).

El misterio de la salvación y de convertirse en un hombre nuevo es que la clase, la raza y el género ya no son un problema.

Ya no hay judío ni griego; no hay esclavo ni libre; no hay varón ni mujer; porque todos vosotros sois uno en Cristo Jesús. (Gálatas 3:28 - RVR).

En Cristo, somos una nueva creación. Lo que éramos *antes* ya no *importa*, pero *seguimos* dándole valor y convirtiéndolo en un problema. No es un problema para *Dios*.

En segundo lugar, la iglesia sufrió una fuerte persecución después de Pentecostés. Entonces el lugar de culto fue destruido. Si vamos a ver esto repetido en el futuro, entonces la gloria debe venir antes que la calamidad. Incluso podemos ver la destrucción de nuestros hermosos edificios. Para entonces sabremos que realmente somos el lugar de adoración y el templo del Dios viviente. Dios no habita en casas construidas por manos de hombres.

Podemos señalar los terremotos, la escalada del crimen, otros desastres naturales, el declive económico, las guerras y las pandemias todo lo que queramos como señales del final, pero ese es el enfoque incorrecto. Hay tanta gloria, resplandor, maravilla y poder que se manifestará en el cuerpo de Cristo que el cielo invadirá la tierra para cambiar lo viejo en lo nuevo. Entonces el tiempo terminará.

Jesús dice que cuando el mundo se hunde en una crisis, debemos mirar hacia arriba. Nuestros ojos deben estar en Él.

Dios no está preparando al mundo para el desastre; Él está preparando al mundo para que Su gloria invada nuestra realidad. La era de los gentiles terminará con un glorioso derramamiento del Espíritu de Dios, y la realidad de la dimensión celestial que no fue sujetada por la caída será conocida y experimentada por la humanidad. Aquí es donde deberían estar nuestros ojos.

Jesús dice que cuando el mundo se hunde en una crisis, debemos mirar hacia arriba. Nuestros ojos deben estar puestos en Él. Jesús es nuestra verdadera esperanza, y Él ha hecho posible que la creación caída se levante una vez más a toda su gloria manifiesta. La semilla de todas estas posibilidades está incrustada en toda la creación. Nunca se perdió en realidad, pero solamente aquellos que pueden ver esta chispa/potencial divino pueden contribuir a su expansión.

No perdamos la esperanza. Cristo en nosotros es nuestra esperanza de gloria, y Él es la garantía de que la ecclesia no dejará de manifestar la plenitud de Dios en la creación. Llevamos la semilla, y la semilla no puede morir.

Capítulo siete
El amor es nuestro superpoder

Uno de los primeros artículos que recuerdo haber escrito en mi juventud se titulaba «Lo que el mundo necesita ahora es amor». No estoy seguro de conocer la profundidad de lo que escribí hace tantos años, pero sigue siendo cierto hoy. El amor es nuestro verdadero poder. Una de las principales razones por las que las personas abandonan la iglesia es que «no hay amor allí». Una de las principales razones por las que los matrimonios se desmoronan es la disminución del amor. Creo que, en cierta medida, no sabemos qué es el amor porque todavía escucho a la gente atribuirlo a una emoción. El amor es más que una emoción; es un acto de la voluntad.

> El amor impregna todo el curso de las Escrituras de principio a fin.

El amor impregna todo el curso de la Escritura de principio a fin.

Cuando Lot fue llevado cautivo, Abraham reunió a un pequeño grupo de sus propios sirvientes y fue tras él.

Fueron enormemente superados en número, pero conquistaron a sus enemigos con facilidad y sin perder a ninguno de los suyos, y rescataron a Lot. Este fue un acto de amor.

Cuando Adán tomó la decisión de abandonar su estado perfecto y divino para morir con su esposa; eso fue amor. Él podría haber elegido permanecer perfecto, pero eligió lo contrario porque preferiría sufrir con quien amaba que ser perfecto. No fue obligado; esta fue una elección que hizo con su propia voluntad. Uno puede argumentar que su amor por Dios debería haberlo hecho elegir lo contrario, pero amar a Dios a quien no podemos ver y no amar a quien podemos ver es virtualmente imposible.

Si alguno dice: Yo amo a Dios, y aborrece a su hermano, es mentiroso. Pues el que no ama a su hermano a quien ha visto, ¿cómo puede amar a Dios a quien no ha visto? (1 Juan 4:20 - RVR).

Cuando Dios decidió hacerse hombre y entrar en el tiempo y someterse a Su propia creación hasta el sufrimiento y la muerte, ese fue el último acto de amor. Yo sí creo que Dios no se conoció verdaderamente a Sí mismo como amor hasta que la humanidad cayó. Sí, Él es amor perpetuo, pero es fácil amar lo que es perfecto. No requiere esfuerzo alguno. Nuestra verdadera capacidad de amar se pone a prueba cuando somos llamados a amar a aquellos que tienen fallas. He visto padres amar a sus mejores hijos que son obedientes pero luchan por amar a los que son desobedientes, rebeldes y/o criminales. Si esta generación lucha por amar más allá de los defectos, cuando todos tenemos defectos, ¿cómo podremos igualar la amonestación de Dios de amar a nuestros enemigos?

> Dios siendo amor (ver 1 Juan 4:7-8) es un acto perpetuo de la propia voluntad de Dios que no es sacudido ni modificado por nuestros defectos y rebelión.

Es fácil amar a un cónyuge que no se ha equivocado. Nuestra verdadera capacidad de amar en el matrimonio se pone a prueba cuando afloran los verdaderos defectos, incluso y especialmente la infidelidad. Dios dice que podemos divorciarnos si hay infidelidad conyugal, pero creo que dar permiso para hacerlo cuando Dios odia el divorcio es una prueba de nuestra capacidad de amar como Dios ama por un acto de nuestra voluntad. Podemos elegir irnos sin ser condenados, pero nuestra elección de quedarnos y perdonar llamará la atención del cielo.

Dios siendo amor (ver 1 Juan 4:7-8) es un acto perpetuo de la propia voluntad de Dios que no es sacudido o modificado por nuestros defectos y rebeldía. También tenemos esta capacidad intrínseca de amar, y en realidad se nos ordena hacerlo. Los dos grandes mandamientos son amar.

Y amarás al Señor tu Dios con todo tu corazón, con toda tu alma, con toda tu mente, y con toda tu fuerza. [Este es el principal mandamiento.] El segundo es este: Amarás a tu prójimo como a ti mismo. No hay otro mandamiento mayor que estos. (Marcos 12:30-31 - RVR).

El mayor desafío que tenemos como creyentes no es acceder a los milagros sino amar. Es la ausencia de amor lo que nos dificulta caminar en lo sobrenatural perpetuamente. No podemos acceder a un milagro para alguien a quien no amamos.

Y debido al aumento de la iniquidad, se enfriará el amor de la mayoría. (Mateo 24:12 - RVR).

> La parte inferior del pie ve el mundo de forma muy distinta a la parte superior de la cabeza. Ambos son correctos.

Quiere decir entonces que donde falta el amor, está presente la iniquidad. Aquí es donde pido permiso para ser un poco crítico con la iglesia tal como es hoy. No chismeamos sobre las personas que amamos. El chisme es muy frecuente en el cuerpo de Cristo. De ninguna forma es una demostración de amor por nuestros hermanos y hermanas, y hablo como alguien que es tan culpable como cualquier otro. Es un hábito que encuentro difícil de dejar porque las personas y sus defectos hacen una buena conversación, pero es un pecado y debemos dejar de hacerlo. No nos apoyamos unos a otros; no nos escuchamos unos a otros. Hay grupitos, favoritismo y competencia. El cuerpo de Cristo está impedido porque el ojo piensa que todos los demás miembros deben ser ojos y funcionar en esa capacidad. No hay unidad en la diversidad; solamente opiniones expresadas como hechos y un desprecio por cualquiera que elija creer lo contrario. La parte inferior del pie ve el mundo de forma muy distinta a la parte superior de la cabeza. Ambos están en lo correcto. Hasta que empecemos a aceptar esto, vamos a funcionar de forma desarticulada.

El mandamiento de Dios de amar es profundo. No tiene nada que ver con los defectos e inconsistencias de las personas. Dios nunca nos dijo que arreglemos a nadie ni a nada. Solo dice «Amor». No hay defecto que podamos señalar en los demás que no esté dentro de nosotros mismos. Solamente podemos identificarlo porque también está incrustado dentro de nosotros mismos. Puede que no actuemos en consecuencia, pero está ahí. Todos tenemos acceso al árbol del conocimiento del bien y del mal; sin excepciones.

Ahora bien, sabemos que Dios es amor, pero ¿cómo podemos definir el amor? ¿Cómo será cuando construyamos una comunidad de amor? Pablo lo llama «una manera mejor»:

Si yo hablara lenguas humanas y angélicas, pero no tengo amor, vengo a ser como bronce que resuena, o címbalo que retiñe. Y si tuviese profecía, y entendiese todos los misterios y toda ciencia, y si tuviese tanta fe como para trasladar montañas, pero no tengo amor, nada soy. Y si repartiese todos mis bienes para dar de comer a los pobres, y si entregase mi cuerpo para ser quemado, pero no tengo amor, de nada me sirve. El amor es paciente, es servicial; el amor no tiene envidia, el amor no es jactancioso, no se engríe; no hace nada indecoroso, no busca su propio interés, no se irrita, no toma en cuenta el mal; no se goza de la injusticia, mas se goza de la verdad. Todo lo excusa, todo lo cree, todo lo espera, todo lo soporta. El amor no caduca jamás; pero las profecías caerán en desuso, y cesarán las lenguas, y el conocimiento actual quedará fuera de uso. (1 Corintios 13:1-8 - RVR).

Para que no nos lo perdamos, permítanme señalarlo con viñetas:

- el amor sufre mucho y es bondadoso;
- el amor no envidia;
- el amor no se jacta, no se envanece;
- (el amor) no se comporta con rudeza, no busca lo suyo, no es provocado;
- (amor) no piensa en el mal;
- (el amor) no se regocija en la iniquidad, sino que se regocija en la verdad;

- (el amor) todo lo soporta, todo lo cree, todo lo espera, todo lo soporta;
- el amor nunca falla.

El amor es nuestro mayor poder, no como una emoción sino como un acto de nuestra voluntad. El amor es tan poderoso que llama la atención del Dios y dueño de toda la creación. Nuestra capacidad de actuar en amor atraerá la atención de Dios.

Un mandamiento nuevo os doy: que os améis unos a otros; como yo os he amado, que también os améis unos a otros. En esto conocerán todos que sois mis discípulos, si tenéis amor los unos con los otros. (Juan 13:34-35 - RVR).

Si elegimos no amarnos *unos a otros*, lucharemos por amar a los *demás*. No se nos ordena amar a «todos», pero para que todos vean que pertenecemos a Jesús, debemos amarnos *unos a otros*.

Y, ante todo, tened entre vosotros ferviente amor; porque el amor cubrirá multitud de pecados. (1 Pedro 4:8 - RVR).

Si vamos a cambiar el mundo, debemos fortalecer esta capacidad intrínseca que tenemos de amar.

El que está en el negocio de exponer los defectos de sus hermanos y hermanas no está actuando en amor. Incluso quienes son profundamente proféticos deben aprender a gestionar su don desde la perspectiva del amor.

Como seres caídos, tenemos profundos defectos, pero el amor de Dios por nosotros es perfecto. Él ama perfectamente a los seres humanos imperfectos, y Su capacidad de amar es nuestro único derecho a la perfección. Esto es amor verdadero. Significa entonces que cuando amamos a aquellos que tienen defectos, les proporcionamos una prenda de perfección que pueden utilizar.

Si vamos a cambiar el mundo, debemos fortalecer esta capacidad intrínseca que tenemos de amar. El amor es el poder que tenemos para transformar este mundo y devolver la creación a su intención original. Convertirse en amor es convertirse en la plena expresión de Dios en la creación.

Epílogo

Yo creo que Jesús, el Hijo de Dios, es nuestro Señor, Salvador y Maestro. Creo que lo que hizo para cumplir con la asignación divina que tenía es nuestra garantía de que esta creación *no* fallará. No importa cuán viles decidan ser los seres humanos o cuánto de la población rechace a Dios, siempre habrá un remanente en la tierra que tiene un deseo insaciable de Dios, de conocer a Dios y de manifestar a Dios. Es este remanente el que no descansará hasta que Dios sea el todo en todo como lo fue en el principio.

> Esta es nuestra esperanza; que no importa cuán caótico se vuelva el mundo, el final será glorioso.

Cristo en nosotros es la esperanza de gloria (ver Colosenses 1:27). Cada creyente en Jesucristo lleva esta esperanza y tiene la responsabilidad de manifestarla en un mundo que está perdiendo la esperanza.

Y cuando todas las cosas le estén sometidas, entonces también el Hijo mismo se someterá al que

le sometió a él todas las cosas, para que Dios sea todo en todos. (1 Corintios 15:28 - RVR).

Esta es nuestra esperanza; que no importa cuán caótico se vuelva el mundo, el final será glorioso.

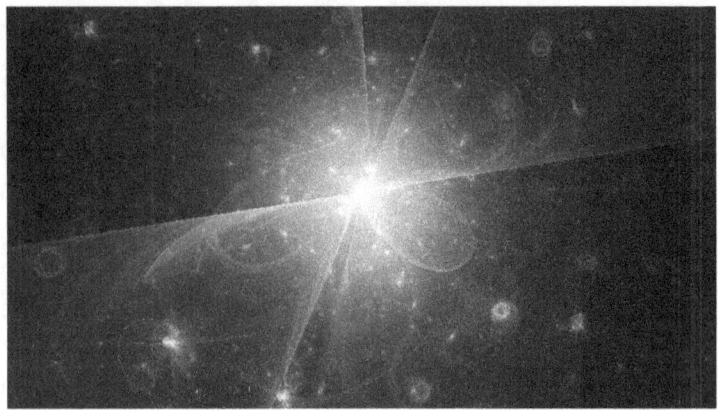

Hay una chispa divina incrustada en todo lo que fue afectado por la caída en la creación. Esta es la luz o esencia de Dios. Existe incluso en la cosa más corrupta que existe como una semilla con infinitas posibilidades. La verdad es que, sin Dios, nada podría existir porque no hay otra fuente para que algo exista.

Porque por él fueron creadas todas las cosas, las que hay en los cielos y las que hay en la tierra, las visibles y las invisibles; sean tronos, sean dominios, sean principados, sean potestades; todo fue creado por medio de él y para él. (Colosenses 1:16 - RVR).

Es la existencia de esta pequeña chispa la que, si es activada por el amor, la restaurará a su intención original. Por eso es posible que la humanidad se redima y la creación deje de gemir. Cuando se expanda, esta chispa divina deshará la corrupción para que surja la realidad de la inmortalidad de nuestros cuerpos, y una vez que esto haya ocurrido, un cielo y una tierra nuevos se manifestarán a partir de lo antiguo. No creo que sea el plan de Dios destruir el mundo. Creo que Él quiere renovarlo, y también creo que Él quiere hacerlo en sociedad con Sus hijos, no independientemente de Él.

> No es hora de descansar; es hora de manifestar.

No es hora de que los hijos de Dios descansen. Deja de cantar «Quiero ir al cielo y descansar». Ya estamos sentados en el cielo, y todavía no hemos hecho nada. <u>No es hora de descansar; es hora de manifestar.</u>

Mire más allá de las fallas en la creación y vea a Dios, para que podamos comenzar a manifestar a Dios. Ese es nuestro papel, y tenemos el poder para hacerlo.

Permítanme cerrar este capítulo con esta Palabra:

El pueblo de la tierra usaba de opresión y cometía robo, hacía violencia al afligido y menesteroso, y oprimía sin derecho al extranjero.

Y busqué entre ellos algún hombre que reconstruyera el muro y que se pusiese en la brecha delante de mí, a favor de la tierra, para que yo no la destruyese; y no lo hallé. Por tanto, derramé sobre ellos mi ira; con el ardor de mi ira los consumí; hice recaer el camino de ellos sobre su propia cabeza, dice el Señor Jehová. (Ezequiel 22:29-31 - RVR).

Una nación puede salvarse si Dios puede encontrar a una persona que actúe en Su nombre y se presente ante Él. ¿Será usted esa persona?

Sobre el autor

C. Orville McLeish es un autor inspirador publicado por TBN y autor de más de catorce libros publicados en la serie Made in God's Image. Es el fundador y director ejecutivo de Heart of a Christian Playwright y HCP Book Publishing, corrector de estilo de Writer's Digest University certificado, herbolario, profesor de meditación de atención plena, diseñador gráfico y comercializador de redes sociales. Es dramaturgo y guionista certificado, y tiene un Diploma en Teología Urbana del Seminario Teológico Gordon Conwell y un certificado de la Escuela de Misterios del Reino AACTEV8.

C. Orville McLeish es estudiante e hijo espiritual del Dr. Adonijah O. Ogbonnaya (Dr. O), y recibe muchas horas de las enseñanzas de este rabino al año. El Dr. O enseña sobre los misterios del Reino de Dios, las realidades de las dimensiones espirituales y nuestra identidad en Cristo Jesús. C. Orville se ha visto profundamente impactado por las enseñanzas y la tutoría del Dr. O y experimentó el amor de Dios, la iluminación y un despertar espiritual al mundo real. Es el fundador de God's Image Jamaica (YouTube), God's Image Jamaica Brand y God 's Image Jamaica Publications. Enseña Estudio Bíblico sobre nuestra identidad en Cristo y crea mercancía (camisetas, tazas, etc.) con mensajes impactantes.

C. Orville está casado con Nordia, y cree que algún día será padre de dos hijos. Es un ávido lector, al que también le gusta ver películas, salir a comer, comer la comida que prepara su esposa, hacer cursos en línea, pasar tiempo con amigos y viajar con su esposa. Su verdadera pasión es la escritura, el diseño gráfico y las publicaciones, lo que ha estado haciendo constantemente durante más de veinte años. Ha trabajado como escritor independiente, editor, dramaturgo y guionista, y ahora ofrece sus servicios y experiencia en escritura y autoedición a nivel mundial, acumulando una gran cartera de proyectos de libros exitosos y clientes repetidos satisfechos.

C. Orville dedica tiempo a documentar su propio viaje espiritual en libros publicados con la esperanza de ayudar a alguien en su propio viaje de fe. Su liberación de la adicción y la baja autoestima vino a través del conocimiento de quién es él en Cristo. Intercala una porción muy pequeña de lo que aprende de su mentor con sus propias experiencias personales para crear libros que cambian la vida y renuevan la mente que responden a las preguntas de las mentes inquisitivas, desafían nuestra forma de pensar, provocan cambios de paradigma y crean nuevas preguntas todavía por responder. C. Orville es un joven talentoso con un corazón para conocer verdaderamente a Dios y busca educar a cualquiera que escuche sobre su identidad en Cristo Jesús.

www.ingramcontent.com/pod-product-compliance
Lightning Source LLC
LaVergne TN
LVHW051707080426
835511LV00017B/2783